LOS PINGÜINOS EMPERADOR

UNA HISTORIA DE MIGRACIÓN

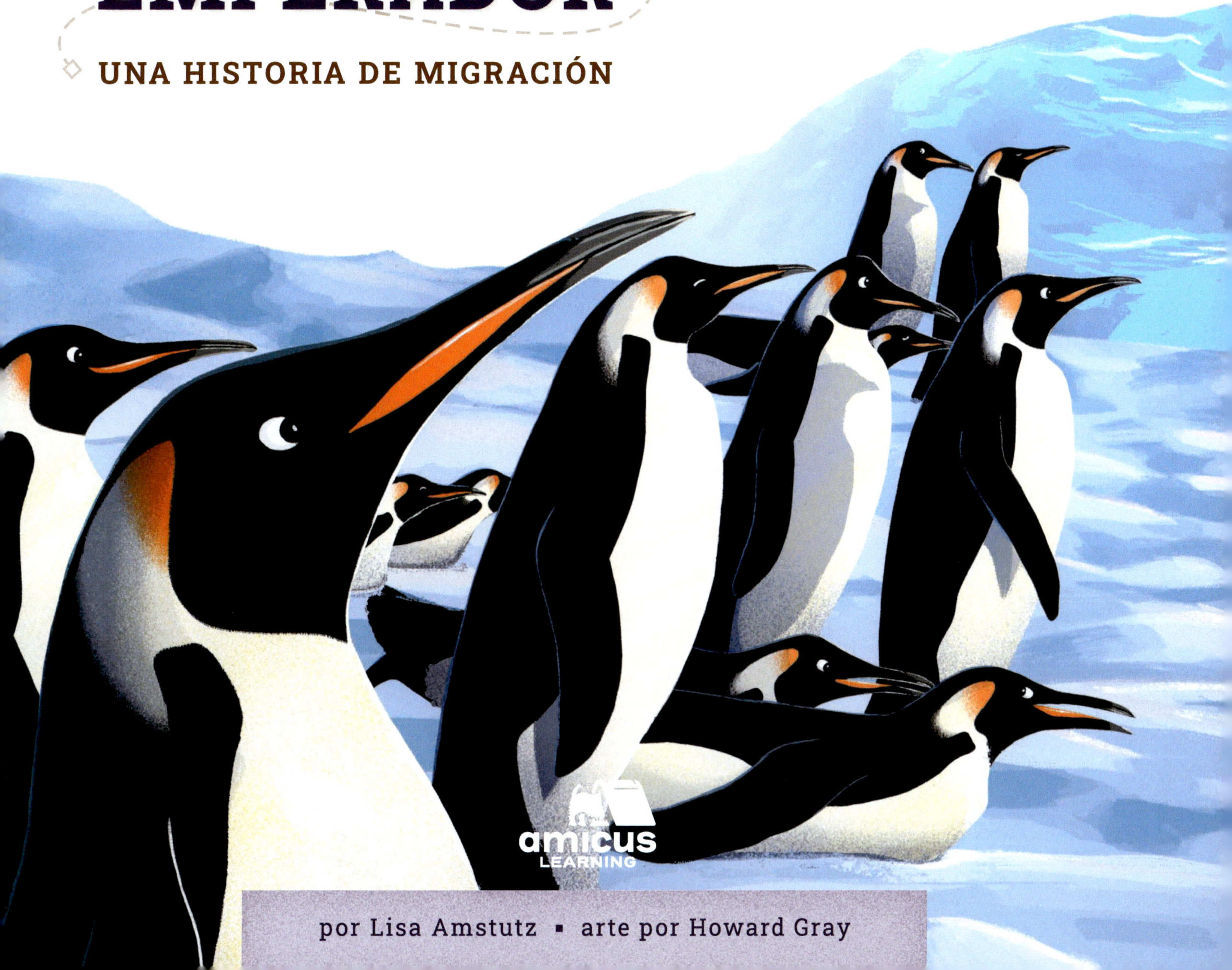

amicus LEARNING

por Lisa Amstutz ▪ arte por Howard Gray

AMICUS ILLUSTRATED es una publicación
de Amicus Learning, un sello de Amcius
P.O. Box 227, Mankato, MN 56002
www.amicuspublishing.us

Editor: Alissa Thielges
Diseñadora de la serie: Kim Pfeffer
Diseñadora del libro: Emily Dietz

Cataloging-in-Publication data is available from the Library of Congress

Library Binding ISBN: 9798892006453
Paperback ISBN: 9798892007054
eBook ISBN: 9798892007658

LCCN: 2024054674

Sobre la autora
Lisa Amstutz es autora de más de 150 libros infantiles. Antigua educadora al aire libre, es licenciada en biología y ciencias medioambientales. Lisa disfruta aprendiendo cosas divertidas sobre ciencia y compartiéndolas con los niños. Vive en una pequeña granja con su familia.

Acerca del ilustrador
Howard Gray ha ilustrado una selección de libros infantiles de ficción y de no ficción. Siempre se ha considerado artista, pero con un doctorado en genética de delfines, tiene formación en zoología. Ahora persigue su carrera soñada en la ilustración infantil desde la pintoresca ciudad de Durham, Reino Unido. Más información en www.howardgrayillustrations.com.

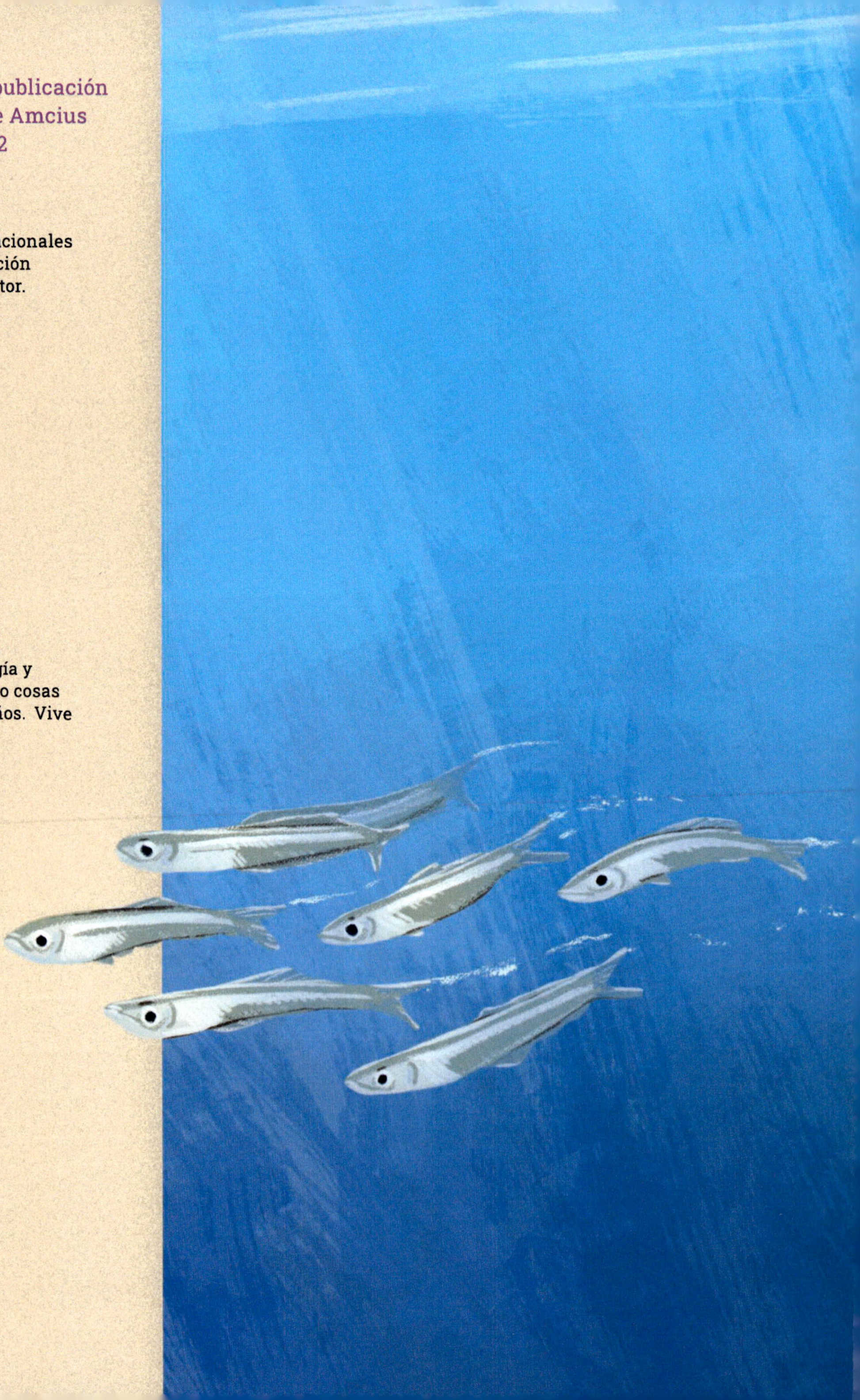

¡Fium! Soplan vientos helados de marzo. Es otoño en la Antártida. Un pingüino emperador captura un pez en la costa. Será su última comida durante meses. Le espera un largo viaje. Debe llegar a su zona de cría en invierno. Allí encontrará pareja y pondrá un huevo.

Los pingüinos se reúnen para la larga marcha. Emigrarán hasta 100 millas (161 kilómetros) tierra adentro. Allí, el grueso hielo no se derretirá hasta noviembre. Los polluelos de pingüino tendrán tiempo para crecer.

El pingüino camina y se desliza sobre el hielo. La temperatura desciende a -40 grados Fahrenheit (-40 grados Celsius). Las plumas y la grasa del pingüino le mantienen caliente.

Por fin, el pingüino llega a las zonas de cría. *¡Graznido! ¡Bocinazo!* Llamadas ruidosas llenan el aire. Comienza a buscar pareja de inmediato. Ella escucha las llamadas únicas. Cuando encuentra una pareja, se inclinan y se llaman. Luego se acurrucan.

En mayo, el pingüino pone un huevo. Su pareja lo rueda sobre sus pies. Lo mete debajo de su bolsa de cría. Este trozo de piel desnuda mantiene el huevo caliente. Protegerá el huevo mientras el polluelo crece en su interior.

Ahora la hembra regresa al mar. Debe encontrar comida pronto. Su polluelo necesitará comer.

Tomará semanas para llegar a aguas abiertas. Allí bucea en busca de peces, calamares y krill. Observa focas, leones marinos y orcas. Estos animales se alimentan de pingüinos.

El macho queda cerca de los demás para mantenerse caliente. Se turnan para pasar al centro del grupo. Pasan más de dos meses.

Un día, el huevo se mueve. *¡Tras! ¡Crac!* Un polluelo gris sale del cascarón. El macho lo pone sobre sus patas y lo cubre con su bolsa de cría. Lo alimenta con el buche de leche. Pero pronto necesitará más comida.

Justo a tiempo, la hembra regresa. Ella escucha la llamada de su compañero. Lo encuentra entre la multitud. El pingüino escupe comida para alimentar a su polluelo. Luego se pone al polluelo sobre sus patas. Ahora es su turno de esperar.

El macho va a buscar comida. Han pasado cuatro meses desde su última comida. Ha perdido casi la mitad de su peso corporal. Se alimenta durante unas pocas semanas. Luego regresa con comida para el polluelo.

Encontrar suficiente comida puede ser difícil. Los barcos pesqueros capturan krill cerca de la costa antártica. Los pingüinos viajan más lejos para encontrar comida. Mientras están lejos, el polluelo podría morir de hambre o ser comido por otros animales.

Pasan los meses. El hielo marino comienza a derretirse y romperse. Ahora el océano está más cerca. Mamá y papá se mantienen ocupados buscando comida. El polluelo crece rápidamente. En septiembre, el polluelo puede quedarse solo. Se acurruca con otros. El polluelo no puede nadar hasta que muda. Si el hielo marino se rompe demasiado pronto, puede ahogarse. El cambio climático está provocando que esto ocurra con más frecuencia.

En diciembre, las aves regresan a mar abierto. Pasan los meses del verano antártico alimentándose. Acumulan tanta grasa como pueden . . .

para otro largo y frío viaje por delante.

MIGRACIÓN DEL PINGÜINO EMPERADOR

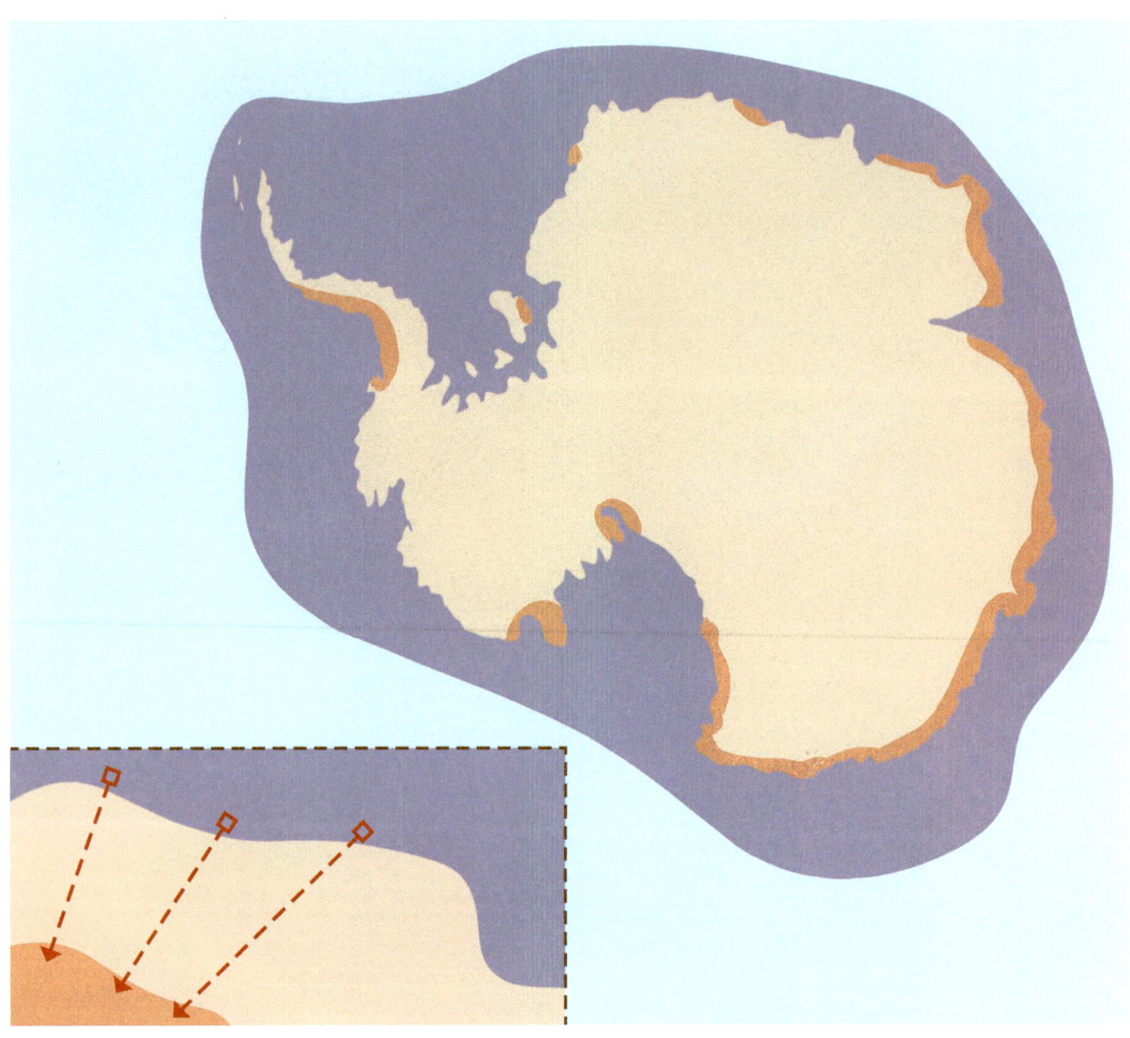

Área de reproducción

Área de distribución no reproductora

Rutas migratorias

¿CÓMO PUEDO AYUDAR A LOS PINGÜINOS EMPERADOR?

El cambio climático está causado por la quema de combustibles fósiles. Los humanos podemos ayudar a los pingüinos frenando el cambio climático.

- Camina o utiliza la bicicleta en lugar del coche cuando puedas.
- Apaga las luces y los aparatos cuando no los estés utilizando.
- Recicla o reutiliza objetos en lugar de comprarlos nuevos.
- Protege el alimento de los pingüinos de la sobrepesca. Compra marisco capturado sin dañar su hábitat. El Monterey Bay Aquarium's Seafood Watch ofrece una guía útil: https://www.seafoodwatch.org/recommendations/download-consumer-guides

Glosario

bolsa de cría Parche de piel desnuda que mantiene caliente el huevo.

buche de leche Alimento elaborado en el buche de un pingüino, un saco en la garganta donde almacena comida.

cambio climático Cambio a largo plazo en los patrones meteorológicos globales o regionales.

krill Pequeños animales parecidos a las gambas que viven en el océano.

migrar Trasladarse a un lugar diferente en una determinada época del año, normalmente debido a los cambios de tiempo y de estación.

muda En las aves, desprenderse de una capa de plumas para que puedan crecer otras nuevas.

pareja El compañero masculino o femenino de una pareja de animales.